KB201384

옛 세계에는 출판사라는 게
있었단다… 남자들이 아직 있었을 때
이야기지.

Copyright ⓒ Aminder Dhaliwal 2018
By arrangement with Transatlantic Literary Agency Inc.
www.drawnandquarterly.com

이 책의 한국어판 저작권은 Icarias Agency를 통해 Drawn & Quarterly Books Inc.와
독점 계약한 롤러코스터 출판사에 있습니다. 저작권법에 의하여 한국 내에서 보호를 받는
저작물이므로 무단전재와 복제를 금합니다.

우먼월드: 여자만 남은 세상 WOMAN WORLD

초판 1쇄 발행 2020년 1월 2일
초판 2쇄 발행 2020년 4월 25일

지은이 아민더 달리왈 | 옮긴이 홍한별 | 펴낸이 임경훈 | 편집 정유민
펴낸곳 롤러코스터 | 출판등록 제2019-000296호 | 주소 서울시 마포구 월드컵북로 400 서울산업진흥원 5층 2호
전화 070-7768-6066 | 팩스 02-6499-6067 | 이메일 book@rcoaster.com

ISBN 979-11-968749-0-2 03300
이 도서의 국립중앙도서관 출판예정도서목록(CIP)은 서지정보유통지원시스템 홈페이지(http://seoji.nl.go.kr)와 국가자료공동목록시스템
(http://www.nl.go.kr/kolisnet)에서 이용하실 수 있습니다.(CIP제어번호: CIP2019050042)

롤러코스터
Rollercoaster
Press

니컬러스 일릭, 케네스 형, 메건 동,
마하 타비크, 미란다 타치아, 앰버 로빈슨,
마유미 노즈 등 도움을 준 모든 분들에게 감사드립니다.

우리 엄마를 비롯하여 이 세상의 놀라운 여성들
모두에게 감사드립니다.

WOMAN WORLD

우먼월드
여자만 남은 세상

아민더 달리왈 지음 | 니컬러스 일릭 채색

홍한별 옮김

옛날 옛날에
남자들이
있었다.

남자들은 나름대로 잘 살고 있었다.

그러던 어느 날 어떤 똑똑한 남자가 연구를 하다 아주 충격적인 사실을 알게 되었다.

초조해진 샤마 박사는 더 깊이 연구해 보기로 마음먹었다.

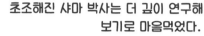

사실일 리가 없어.

으으음

열심 열심

탁 탁

여보, 이것 좀 봐줄래?

샤마 박사는 아내 샤마 박사에게 자기 연구가 오류가 없는지 검토해달라고 했다.

알았어.

으음

으음

당신 말은…

맞아.

그럼 이게…

그래.

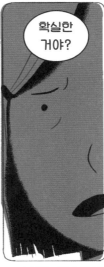

확실한 거야?

응.

남자가 멸종하고 있어.

지금도 여자가 남자보다 많지만 다음 세대에는 그 차이가 더 커질 거야.

엄마!

거의 모든 학계에서 샤마 박사의 연구 결과가 사실임을 인정했음에도
대책 마련에 나서는 사람은 아무도 없었다.

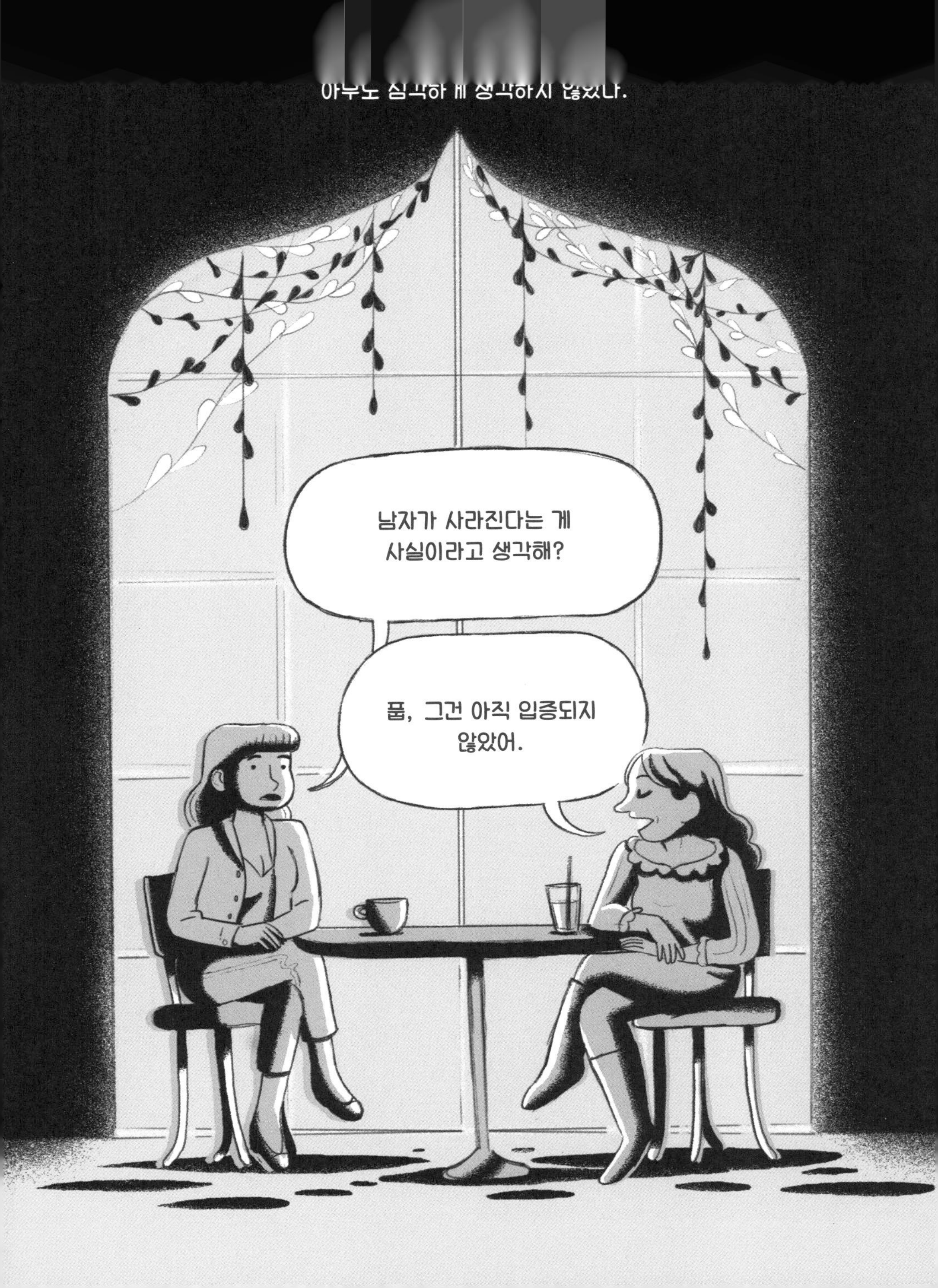
[redacted]
남자가 사라진다는 게 사실이라고 생각해?
품, 그건 아직 입증되지 않았어.

누나들과 나

NEWS

흥미로운 소식입니다!

'남자들의 세상'이라고?

프랭클린 산부인과 병동에서 일주일 동안 여자아이들만 태어나는 기록이 세워졌습니다.

역사적인 날입니다. 정상회담에 참석한 세계 지도자들이 모두 여성이었습니다.

자연재해가 잇따르는 바람에 신경 쓸 겨를이 없기도 했다.
마치 대자연 어머니가 하필 최악으로 어려운 시기를

일부러 골라 힘을 과시하는 것 같았다.
문명 세계가 산산이 부서져내렸다.

온 세계가 혼란에 휩싸였다. 폭동이 일어나고,
주식시장이 붕괴하고, 전쟁이 선포되었다.

그러니 일개 박사가 내놓은, 남성이 소멸한다는 이론 따위에
귀 기울일 사람이 있었겠는가?

샤마 박사는 이 혼란스러운 시기에 살아남았고,
나이가 들어 희끗한 머리로 인류의
미래를 걱정했다. 샤마 박사는 여성만의
단성 임신 방법 연구에 집중하기로 했다.

그러나 여성의 신체에 초점을 맞추자
갑자기 모든 사람들이 관심을 쏟으며
말을 보태려고 했다.

수없이 많은 남자들이 실종됐다.

남자나 정자를 사고파는 암시장이 형성됐다.

시간이 너무 부족했다. 샤마 박사는 결국 연구를 마치지 못했다.

샤마 박사의 부고 기사에는 이런 문구가 있었다.
"유족으로 아내와 두 딸이 있다."

참으로 얄궂게도.

옛날
옛날에
남자들이
없었다.

몇 년이 흐른 지금, 이것은 새로운 세상의 어떤 마을 이야기다.

별 걱정을 다하네

* bisexual. 양성애.

잘못된 표본

힘을 끌어올리는 그것

우리 구역을 상징하는
깃발이 필요해요.

자궁 모양이
어떨까요?

하지만 자궁으로 여성 인류의 진취적
기상을 표현할 수 있을까요?

우리에게는 힘을 끌어올리는 상징이
필요해요.

공감을 불러일으키고

비욘세의 허벅지가
바로 그것입니다.

꼭 물어보고 싶었어

가끔은 시간을 초월할 수 있을 듯한 기분이야.

시대를 거슬러 올라가서

남자 조상들과 이야기를 나눠보는 거야.

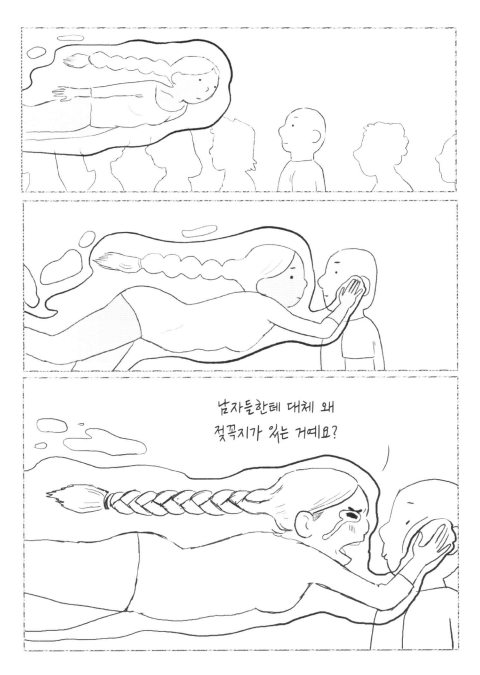

예술가의 쓸모

나도 이런 내가 싫다

* That's what she said. 일상적 대화를 나누다가 이렇게 말하면 성적인 뉘앙스를 추가하는 농담이 된다.
예를 들어 "너무 커서 안 들어가겠는데"라고 하면 "그 여자도 그렇다고 하더라고." 하며 받는 식으로.

농담의 효과

적당히 하자

역사적 기록이니까
이 시대에 뭔가
이름을 붙이는 게 좋지 않을까?

아, 그거!

하지 마.

우리는 이 시대를…

그만해.

여성시대라고 부를 거야.*

* Woman's period. 여성시대라는 뜻도 되고 생리라는 뜻도 된다.

곤란한 질문

잘될 뻔했는데…

레일라가 혼자 있네?

일곱 살 때부터
짝사랑했는데.

안녕, 여기서
뭐해?

라라하고
다퉜어.

우리는 생각이 너무 달라.
라라는 모든 사람들이 레즈비언
난교파티를 원한다는 거야.

일부일처제는
집어치우고 성적 유혹에
굴복해야 한다나.

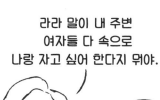

라라 말이 내 주변
여자들 다 속으로
나랑 자고 싶어 한다지 뭐야.

하지만 난 사랑을
믿어.

나도.

고마워!
조금 전까지만 해도
내가 이상한 건가 생각했는데.

또 봐.

천 개의 이름

50

나는 여성연합이라고
하는데요.

부인
구역이요!

가모장 대우주요.

여왕
세상이요.

—— 우먼월드라니까요.

여자세계요.

무섭지 않아, 마더퍼커

할머니.

오냐.

여자들은 앞으로
괜찮을까요?

다들 항상 식량,
질병 같은 것들 때문에
걱정이잖아요.

맞서 싸워야 할 게
많긴 하지.

무서워요.

내가 해준 옛날이야기
기억하니?

나쁜 일이 엎친 데
덮치는데도 그 젊은
남자는 무서워하지 않았지?

맞아요.
존 맥클레인은 "이피 카이 예이,
마더퍼커"*라고 말하고
계속 싸웠어요.

난 다윗과 골리앗
이야기한 거였는데.
아무튼 〈다이하드〉도 말이 되지.

할머니가 〈다이하드〉는
언제나 진리라고
하셨잖아요.

* Yippee ki yay, Mother Fucker. 카우보이들의 구호를 흉내 낸 것으로, 영화 〈다이하드〉의
존 맥클레인이 악당과 싸울 때 외치는 소리다.

대단한 의미

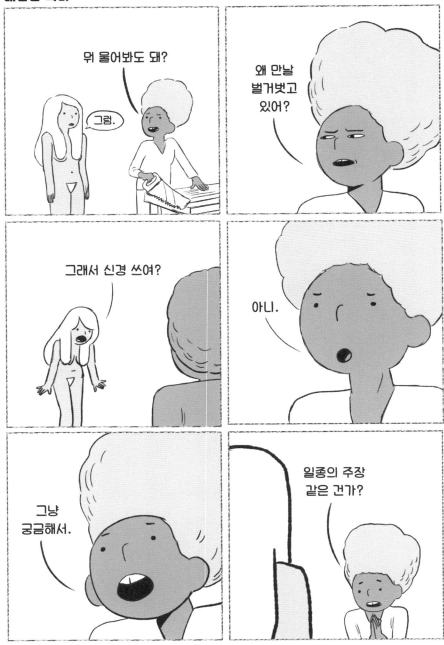

눈치 없는 눈치

무슨 생각해?

어? 어, 그냥. 요새 누군가한테 내 기분을 말하려고 했는데,

사각 사각

난 당연히 눈치챘을 줄 알았는데

모르더라고.

자동완성

이거 봐. 소니아가
가져왔어.

마지막 세대의
'문자메시지'라는 걸
복사한 거야.

웅얼   웅얼

어때?

옛날 사람들은 오리(duck)라는
말을 엄청 많이 썼네. *

* 자동완성 기능 때문에 스마트폰에서 'fuck'이라는 단어를 입력하면 'duck'으로 자동수정된다.

* 날카로운 이빨을 가진 심해어.

외국어라면 괜찮을지도

* Schadenfreude. 남의 불행을 보면서 느끼는 기쁨을 뜻하는 독일어.
* gesundheit. '건강'이라는 뜻의 독일어.

왜 생리통은 아직도

의학적 스몰토크

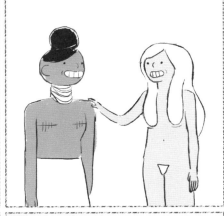

낯선 단어

할머니, 친구들이 자꾸…
트랜스젠더가 뭐냐고
물어봐요.

걱정할 거 없어. 나도 어릴 때는
그게 무슨 뜻인지 몰랐어.

크면서 페니스가 있으면 남자,
질이 있으면 여자, 이렇게 성별을
구분한다는 걸 배웠지.

그러니까 뭐라고 표현해야 할지
모르던 걸 가리키는 단어를
알게 되면 기분이 좋았지.

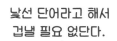
낯선 단어라고 해서
겁낼 필요 없단다.

저는 새 단어를 좋아해요.
어제 의사 선생님이 새 단어를
가르쳐줬어요.
안달보ㄱ다ㄹ

안달

복달

안달복달

안달복달

좋은 단어구나.

사람들하고 어울릴
기분이 아닌가 봐?

…응.
다들 짝이 있는 것 같아서.

그래서 가끔 그냥 여기
앉아서 생각을 해.

알겠다. 이게 네 '외로움 벤치'
구나. 너 여기 앉아서 네가
참 불쌍하다고 생각하지?

뭐?   아냐!

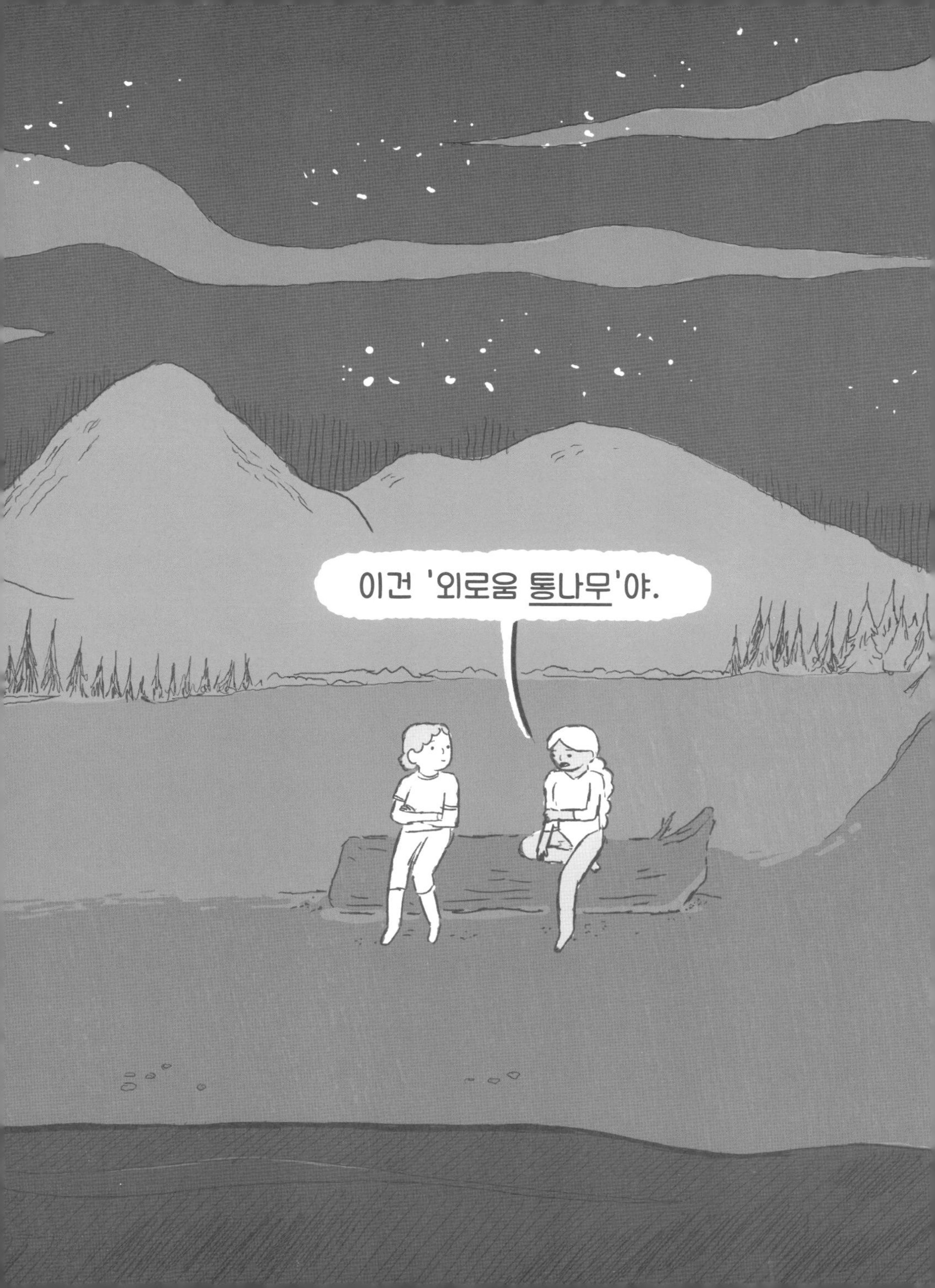
이건 '외로움 통나무'야.

내겐 너무 복잡한 성별

어젯밤에, 다시 젊어져서 친구랑 연예인 이야기 하는 꿈을 꿨단다.

저도 할머니랑 연예인 이야기 할 수 있어요.

좋아, 그럼 해볼까. 내가 가장 좋아하는 연예인은 크리스 프랫인데 웃기면서 섹시하지.

와, 정말 멋진 여자 같아요.

남자야.

아…

그런데 뜨기 전에 〈팍스 앤 레크리에이션〉이라는 드라마에 나왔어.

그게 아니잖아

하이힐의 쓸모

작은 구멍을
내는 데 쓰는
건설작업용 신발?

틀렸지만 좋잖아

…다음에 내가
한 발로 서면…

네가 그 아래로 지나가고!

너희들
뭐 하는 거니?

할머니가
야구 가르쳐줬어.

엄마, 옛날 스포츠 관련된 글 읽어
봤는데 야구가 저런 게
아니던데요.

나도 알아.
그냥 농담이었는데 이제 발을
뺄 수가 없게 됐어.

와아

그다음에 할머니한테
뽀뽀를 하고.

쪽

내가 '야구!'라고 외치는
거예요!

재능인가, 저주인가

연대라면 기꺼이

너 정말 이상해.

정말이야 가이아, 너무 괴상해.

너

어? 가이아가 괴롭힘을 당하나?

옷을 벗고 다니는 게 뭐 어떻다고 그러는 거지?

가이아의 나체를 옹호해 줘야 해.

연대의 힘!

할머니가 거기서 왜 나와

안개가 짙네.
날씨가 이러면 항상 삶에
대해 생각하게 돼.

저 바깥쪽에
더 큰 뭔가가
있을까 생각해본
적 있어?

신이든 포스 같은
것이든 우리를 염려하는
어떤 존재랄까?

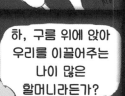

하, 구름 위에 앉아
우리를 이끌어주는
나이 많은
할머니라든가?

그거 좋을 것 같다.

현실은 이렇습니다

같은 이유, 다른 기분

윽, 밖에 못
나가니까 화난다.

서류 작업을 꼭 마쳐야 되는데.

옳은 선택을 한 거야.

이런 날씨에
싸돌아다니는 녀석들은

얼마나 위험한지 모르나?
내가 얼마나 걱정했는데.

그런데도 나 혼자 걸어서
집에 가게 내버려두고…
노인 공경할 줄을 몰라.

너무 특별한 메시지

옛날 달력을 보면 오늘이 '아버지의 날'이라고 합니다.
이날을 기리기 위해 깊은 명상을 하는 여인들이 이전 생의
아버지를 떠올리며 나무를 이렇게 다듬었습니다.

아버지 닮은 형상에 하고 싶은 말이 있으면 하고

봉투를 하나 뜯으세요.

안에 특별한 메시지가 있을 거예요.

전 아버지를 한 번도 본 적이 없어요. 만약 아버지를 만난다면 종말 이후의 이 세계에서 두려움을 어떻게 이겨낼지 조언을 듣고 싶어요.

농사부터 우리 삶의 기준을 유지하는 방법까지요.

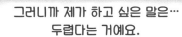

또 인간이라는 종을 지속해나갈 방법도 알아내야 하고요.

그러니까 제가 하고 싶은 말은… 두렵다는 거예요.

안녕 겁쟁이.

아빠야.

긍정의 배신

으음. 이 딸기 정말 맛있다.

이건 과즙이 많아.

하, 이 못생긴 것 좀 봐.

야, 겉모습으로 판단하지 마.

봐, 못생겨도 맛있잖아.

하필 그 순간에 알레르기 반응이
일어나다니 유감이야.

그럴듯한 말을 하고
있었는데 말야.

얄팍한 결심

남 걱정할 시간에

신나는 유물 탐험

폐허에서 **진짜** 남자 셔츠를 찾아냈어.

남자들의 민감한 목울대를 보호하기 위한 빳빳한 목 보호대가 달려 있어.

3초짜리 시?

뭐라는 거야

…그래서 말다툼을 하게 됐는데 레일라가 어처구니 없게 "날 사랑한다면 내가 이기게 해줘"라고 하는 거 있지.

그래서 그 표정을 지었지.

무슨 표정?

알잖아, 그 표정.

모르겠는데….

guest panel by Miranda Tacchia

너만의 연애담

말다툼이 싫다는 말다툼

으, 말다툼은 정말 싫어.

하지만 자기 생각을 감추지 않는 한 의견 충돌이 있을 수밖에 없잖아.

그래도 말다툼을 하고 나면 감정이 안 좋다고.

그 감정이 바로 네가 네 생각을 굽히지 않는다는 증거야.

내 생각을 늘 내세우고 싶은 것도 아냐.

못말리는 콩깍지

남자의 존재 의미

가이아 시장! 병원용품 구하러 가다가 충격적인 사실을 알게 됐어요.

남성형 안드로이드를 제조하는 오래된 공장을 발견했어요.

남자들이 기계 형태로 계속 살아남으려고 시도했던 모양입니다.

하지만 미처 완성하지 못하고.

멸종하고 말았네요.

짝사랑은 대단해

어머, 아이나,
그거 나에 대한 시야?

으으으으응.
온 인류가 소멸해가지만

나는 너에 대한 시를 써,
레일라.

아, 알았어. 내가 내 생각에만
빠져 있었나 봐.

내 생각에 빠져 있었던 게 사실이긴 해.
얼른 라라를 찾아서 이 바보 같은
싸움을 끝내야겠다.

잘못된 롤모델

불안한 농담

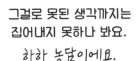
그걸로 못된 생각까지는 집어내지 못하나 봐요.

하하 농담이에요.

유미, 뭐 하고 싶은 이야기 있어요? 정신적인 병도 중요한 병이에요. '농담'이라고 얼버무릴 필요 없어요.

하지만 농담을 안 하면 사람들이 제 심각한 불안감을 눈치챌 것 같아서요.

하하 농담이에요.

이제 가볼게요, 선생님.

잠깐만요, 방금 뭐라고 했어요?

지혜가 가득한 곳

정말 멋있다.

참으로 장엄한 건축물이야.

에이코?

유미? 여기서 뭐해요?

폐허를 탐험해보고
싶어졌어.

과거로부터 답을 찾을 수
있을까 하고.

이 건물 안에 정말
많은 지혜가 담겨 있네.

달라지지 않은 것도 있지

* 1990년대 미국 최대의 비디오 대여점 체인. 2010년 파산했다.

너만 할 수 있는 것

뭐든 되는 전쟁

음. 어, 그래.
어떤 전쟁을 재현한 거니?

뭐든 돼요.

아하
그렇구나.
전쟁의
불길이다!

들어가기 좋은 때

그 안에는
안 들어가봤어요.

그래, 여기로 들어가긴
좀 그렇겠다.
안전해 보이지 않아.

전에 할머니한테
언제 들어가야 하는지
물어봤더니
할머니가요···

"자신감이 있고
편안할 때 입장하는 게
좋아"라고
하셨어요.

그러니까
한번 들어가봐요.

동물은 되는데

사막 초원지대에 사는 채찍꼬리도마뱀은 암컷만으로 종족을 유지한다.

정말 희한해.

삶을 바꿀 중대한 사건

모두 시청에 모여 주셔서 감사합니다.

우리 삶에 큰 변화를 가져올 중대한 사건이 발생했습니다.

어떻게 말을 해야 할지 모르겠네요.

이런 일이 있으리라고는 상상도 못 했어요.

때로 어떤 것이 사라졌다고 생각했는데, 운명적으로 다시 돌아올 때가 있지요.

남자가 돌아왔나요?

네!

아니, 잠깐. 방금 '트윙키'라고 한 거 맞죠?

트윙키라고 한 줄 알았는데.

왜냐하면 오늘 **트윙키 크림빵 창고를** 발견했거든요. 그래서 모이라고 했어요.

현실의 소리

어떤 소망

생각하는 사람 씨,
당신은 돌에 갇혀 있네요.
무슨 생각에 빠져 있는지
궁금해요.

행복한
생각이면
좋겠어요.

정자 소진

수도에서 소식이 왔어. 정자은행에서 맥스가 닿았대요.

맥스(최대치)에 달했다고? 정자가 어떻게 늘 수가 있어?

아니, 그게 아니라 '맥스'가 끝이 났다고요.

관계자 귀하,

맥시밀리언이라는 이름을 가진 조상의 정자가 모두 소진되었음을 알리게 되어 유감입니다.

수도에서는 새로운 생식 방법을 만들어내기 위해 계속 노력 중임을 알아주시기 바랍니다.

별. 다. 줄*

자, 들어봐요.
이제 괜찮은 척하는 건
그만두고 정말로 자기
자신을 사랑하려고
노력해야 돼요.

아니면

비탄에 푹 빠져서
시를 쓸 수도 있겠죠.
달라져 보겠다고 하다가
오히려 망할 수도 있잖아요.

알 만해요.

여드름 취향

이게 시뮬레이션이나 그냥 꿈이 아닐까 생각해본 적 있어?

그러니까 어쩌면 우리가 사는 여자들만의 세계가 성적인 관심이 많은 열세 살짜리 아이의 상상은 아닐까?

우리 이야기를 밑밥으로 깔다가 결국 온 마을 사람들이 한판 오지게 난교 파티를 벌이는 걸로 끝나는 거 아냐?

만약 이게 환상이라면 내 가슴에 여드름이 없지 않을까?

응원하려고 했지

무엇보다도 그런
사람은 되기 싫어….

같은 잘못을
답습하는 사람.

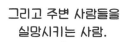

그리고 주변 사람들을
실망시키는 사람.

네 얘기 하는 건 아냐.

너 '응원'을
좀 더 잘해야
할 거 같아.

그땐 그랬어

150

부적절한 농담

비욘세가 다 했네

이번 임기에는 '인류의 생존' 문제에 더 적극적으로 힘을 쏟고 싶어.

다른 마을과 교류도 하고

여성 단성 생식을 위한 노력을 더 조직화하려고 해.

자 여기 지도를 봐. 여기가 우리 마을이야.

우리 깃발 '비욘세의 허벅지'로 표시할게.

우리 마을에서 가장 가까운 마을은 남쪽에 있어.

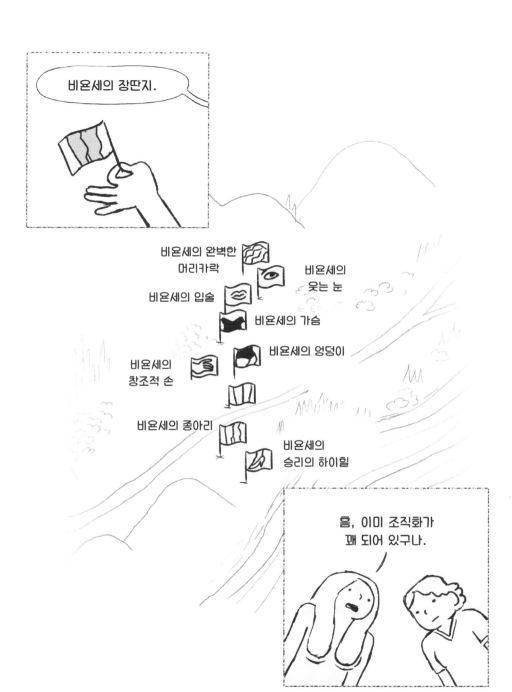

이게 아닌데

명상을 하면 정신이
맑아지고 분노나
질투 같은 부정적 감정을
없앨 수 있어.

너무 조바심 내지 마.
원래 처음에는 잘 안 돼.

30분 후

특별한 선물

안녕, 우마.
레일라 생일이라
뭔가
≥특별한≤
걸 사고 싶어.

아, 장미 꽃다발 같은 거?
아니면 레이스
속옷?

으으음

난 치즈 한 덩이
생각하고
있었는데.

미의 기준

이걸 보니 옛날이
무시무시해
보인다.

생각보다 진지하네

재미없어

놀라운 공통점

이렇게 와주셔서 감사해요. 이 지역 지도자들이 한자리에 모일 때가 되었다고 생각했습니다.

만나서 반가워요. 저는 서쪽 골짜기 마을 시장이에요.

안녕하세요. 저는 강굽이 마을 시장이에요.

저는 산꼭대기 마을 시장입니다.

가만, 우리 모두 공통점이 있는 것 같은데요.

163

아무리 다짐해도

이제 다 잊었어.

다 잊었어.

다 지난 일이야.

여자가 될 테야

* You go girl. '파이팅'이라는 뜻.

타이밍

진짜 괜찮아진 걸까?

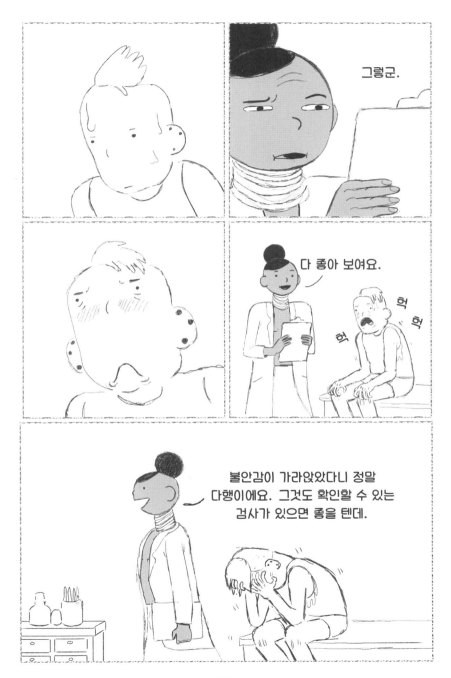

어쩐지 어색해

아무 말 대잔치

어떤 문화에서는 긴 머리카락으로
복잡한 헤어스타일을 꾸미는 게
지위의 상징이었다나 봐.

그러니까
너도 길러보는 게 어때?

정말 내 머리에 관심이 있어서
그러는 거야,

아니면 그냥 일어나기가 싫은 거야?

일어나지 않으려고
아무 말이나 하는 거야.

현실의 문제

편견을 버려

수사슴 두 마리, 암사슴 한 마리네.

이제 수사슴 둘이 아기를 만들기 위해 암사슴의 관심을 끌려고 경쟁할 거야.

아, 이 경우에는 수사슴 둘이 같이 있는 걸 즐기는 것 같구나

자연은 참 아름다워요.

아니, 내 말은…

아직 멸종하지 않은 최후의
남자가 살아 있어서 만날 수 있을지
모른다는 뜻으로 말한 거라면,
그 남자는 117살쯤 되었을 거야.

아니, 그게
아니고요.

아니면 시간여행을 하겠다는
말이었을 수도 있겠구나!

아니, 제
말은요.

아니면 혹시 그런
뜻이었니…

아뇨!

제 말은…

…잊어버렸어요.

의미 없는 구분

애, 혹시 폐허에서 면도기 나온 거 있니?

여자용 면도기는 없어요.

애, 혹시 찾았…

여자용 면도기는 없어요.

남자용 면도기를 처분할 방법을 알아내야 하는데. 아무 쓸모도 없나 봐.

사람은 참 다양해

집에 가야겠다.
너무 늦었어.

여자들은 참 우아해요.

아닌 사람도 있고.

허우적
허우적

가장 어려운 단계

가이아 시장,
나 아기를 낳기로 했어.

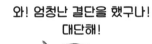

와! 엄청난 결단을 했구나!
대단해!

하지만 이건 알아둬.
아주 긴 과정이 될 거야.

일단 세 시간 걸려서 수도까지
가야 되고

거기서 한두 달 정도
머무르면서 정자를 배당받을
만큼 건강한지 검사를
받을 거야.

말장난이 최고야

* stool에는 '의자'라는 뜻도 있다.

히히

기증의 이유

뭘 보는 거야

그게 목적인지도 모르겠지만…
이 작품들은 아주 비현실적인 기준을
제시하는 것 같아.

그러게.
저렇게 과일을 많이 먹는 사람이
어딨어!

칭찬일걸

사람들이 우리가 닮았대.

칭찬으로 받아들일게.

열띤(?) 논쟁

아직도 페미니즘이 존재한다고
생각해?

여자들만 있는 세상에서는
페미니즘이 존재하는 정도가
아니라

그냥 현실 아닐까?

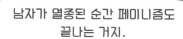

초콜릿과 생리

초콜릿이 먹고 싶어요. 생리를 하려는 걸까요?

너무 조바심 가질 필요 없어, 에미코. 생리라는 게 초콜릿 먹는 게 다가 아니거든.

한 달에 한 번 토할 것 같고

눈물이 흐르고, 배가 아프지.

생리 안 하는 때를 즐기렴! 빨리 자라는 게 좋은 것만은 아냐.

부탁이 있는데 한 달에
한 번 이렇게
해주지 않을래?

내가 토할 것 같을 때까지
나를 빙빙 돌려줘.

양파를 썰어서 눈물이 나게 하고

배가 아플 때까지 초콜릿을
먹이는 거야.

알았어.

와, 그럼 네가 내 생리가
되는 거야!

너 엄청 빨리 큰다.

203

말과 글의 무게

204

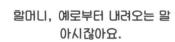

물론 황홀하지

207

남 얘기가 제일 재밌어

도저히 이해가 안 돼.
남 얘기 하는 걸 왜 그렇게들
좋아하는지.

사적인 정보를 아는 게 마치
특권이나 되는 것처럼

자기가 중요한
존재라는 걸
스스로
입증하려는
심리라고나 할까.

역겹단 생각밖에 안 들어.

그러니까 내가 매력 있을 거라는
말이지?

그럼 그럼.

멋진 마법

어떤 것에도 만족하지 못함으로
인한 끝없는 투쟁도 나오지.

하지만 밝은 면도 있어.
힘들 때 힘이 되어주는 우정에
대한 이야기도 하니까.

너한테 빌려줄까 해.

그래.

파란 모자를
쓴
쥐아저씨

어… 고마워.

멸종의 범위

정말 중요한 기록

마지막으로 남은 사람이라는 게 가끔 큰 짐으로 다가와.

나에게 모든 것을 기억해야 할 책임이 있는 것 같아.

지금까지 살았던 모든 사람들.

우리 역사와 문화에 영향을 끼친 중대한 사건들.

신화, 전설, 업적, 깨달음 전부.

기록으로 남기게 되어 다행이지만 아주 지끈지끈 골치가 아프다니까.

* 주로 중동 지역에서 먹는, 병아리콩으로 만든 소스.

뜻밖의 전개

223

신비로운 대화

우리가 이해할 수 있는 범위를 넘어설 수도 있고.

그게 마음에 든다. 우리를 넘어선다는 것.

어쩌면 사람들이 미지의 것을 알려고 하기보다 신비화하려고 하는 것 같기도 해.

물속에 있을 때는 뭔든 더 신비롭게 느껴졌는데.

아낌없이 주는 DVD

에미코,
네 방 좀 치워라.

딱

할머니! 깨졌잖아요!

깨진 게 아냐.
안에 DVD가
있나 보려고
열었어.

DVD?

에미코, 아직 〈폴 블라트〉
안 본 거야?

이 사진 말고 다른 볼 게
있다는 말이에요!?!?!

폴 블라드

이거야말로 아낌없이
주는 상자네요!

내면과의 대화

생쫀이 최고의 업적

너무 멋진 신

라라, 폐허에서 예배 드리기 좋은
아름다운 장소를 찾았어.

책과 지혜가 가득해.

그리고 아주 멋진 신의 형상이 있어.

그 형상을 보기만 하는데도 더 나은
사람이 되고 싶어지더라고!

와,
언제 같이
가보자.

* OPRAYER. '오프라(OPRAH)'와 '기도(prayer)'를 합친 말.

우정의 가치

그래, 요즘 괜찮아?

응, 레일라와 라라가 화해해서 다행이야.

한 걸음 물러서서 진짜 레일라를 보니까 내 상상 속에서 생각하던 사람과 다르다는 생각이 들었어.

내게 어떤 일이 있었는지 레일라는 까맣게 모를 거라고 생각하니 너무 이상해. 우리 둘이 같이 보낸 시간에 대한 레일라의 기억은 내 기억하고 전혀 다르겠지.

사실 우리가 그냥 친구였다는 게 더 정확한 사실일 거야!

조언은 사양합니다

사람마다 행복에 다다르는
방법이 다 다른데
다른 사람의 방법을 따라가려고
하면서 너무 많은 시간을
허비했어요.

이제 나만의 길을 찾으려고요.
그러니까 조언은 안 해주셔도 돼요.

와!

멋진
생각이에요.

하지만 전 그냥 바나나를
많이 먹으라고 말하려고 했어요.
칼륨 수치가 좀 낮아서.

아…

회포는 나중에

흉터도 멋있어

응용 천재

모르겠어요.
제가 21세기 문화를 이해할
수 있을 것 같지 않아요.

에미코, 내가 너한테
21세기 이야기를 많이 하긴 했지만
솔직히 네가 이해할 수
있는 건 아닐 거야.

오늘날 문화에 익숙해지렴.
조금씩 받아들이다 보면
그걸 좋아하게 될 거야.

그 여자도 그렇다고
하더라고요.

연애의 본질

우린 참 많이 다투지.

괜찮은 걸까?

세상에 완벽한 연애란 하나만 있는 게 아니니까.

으으음 연애를 한다면 당연히 하나가 아니라 둘인 거잖아.

사진이란…

245

자연스러운 마무리

그러니까 결론적으로 수도에서는
향후 10년 동안 임신이 서서히 증가하리라고
기대합니다.

아, 저도 알아요.
이 정도 소식으로
연설을 마무리하면 아쉽겠죠.

하지만 이걸로 끝내지
맙시다!

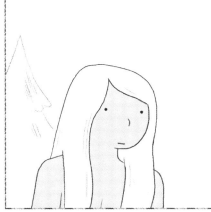

제 말은, 저는
다른 소식이 없지만…
여러분 중 누가 좋은 소식이나
그런 걸 공개했으면 했는데.

마음에 새겨두자.
결말을 억지로 좋게
만들 수는 없다는 것.

쿨럭
쿨럭

샤마 박사는 인류의
앞날을 보지 못하고 세상을 떴지만
인류는 그 뒤에도
잘 지냈다.

여자들은…

사랑하는 사람을 소중히 여기고

나이 들어가고

사랑을 널리 퍼뜨렸다….

그 뒤에는 어떻게 되었냐고?
아기가 태어났고, 세그웨이를 발굴했고,
거미 대왕을 물리쳤다.
(이상한 한 해였다)

아이디어:

(아마 이런 게 이미 있을지도. 내가 생각해낸 게 아닐 수도 있어.)

우먼월드.

남자가 멸종했어.

남자가 멸종하고 나니 누군가 말을 끊을 사람이 없어서 여자들이 새로 말하는 법을 배우는 것 같은 거야.

Feb 7, 14:26

이걸로 다음 만화를 그릴 수 있을 것 같아. 벌써 조금 그렸어.

Feb 7, 14:52

 ㅋㅋㅋ 좋아

난 찬성

Megan · Feb 7, 15:54

 넘 웃겨 아민더

ㅋㅋㅋ

Maha · Feb 9, 19:29

메시지 입력

     ➤